El collar de hierro
el primer ferrocarril intercontinental del mundo

The Iron Necklace
the world's first intercontinental railroad

Pat Alvarado

Ilustraciones * Illustrations
Jairo Llauradó
Mariel Chong
y Marlene Mena

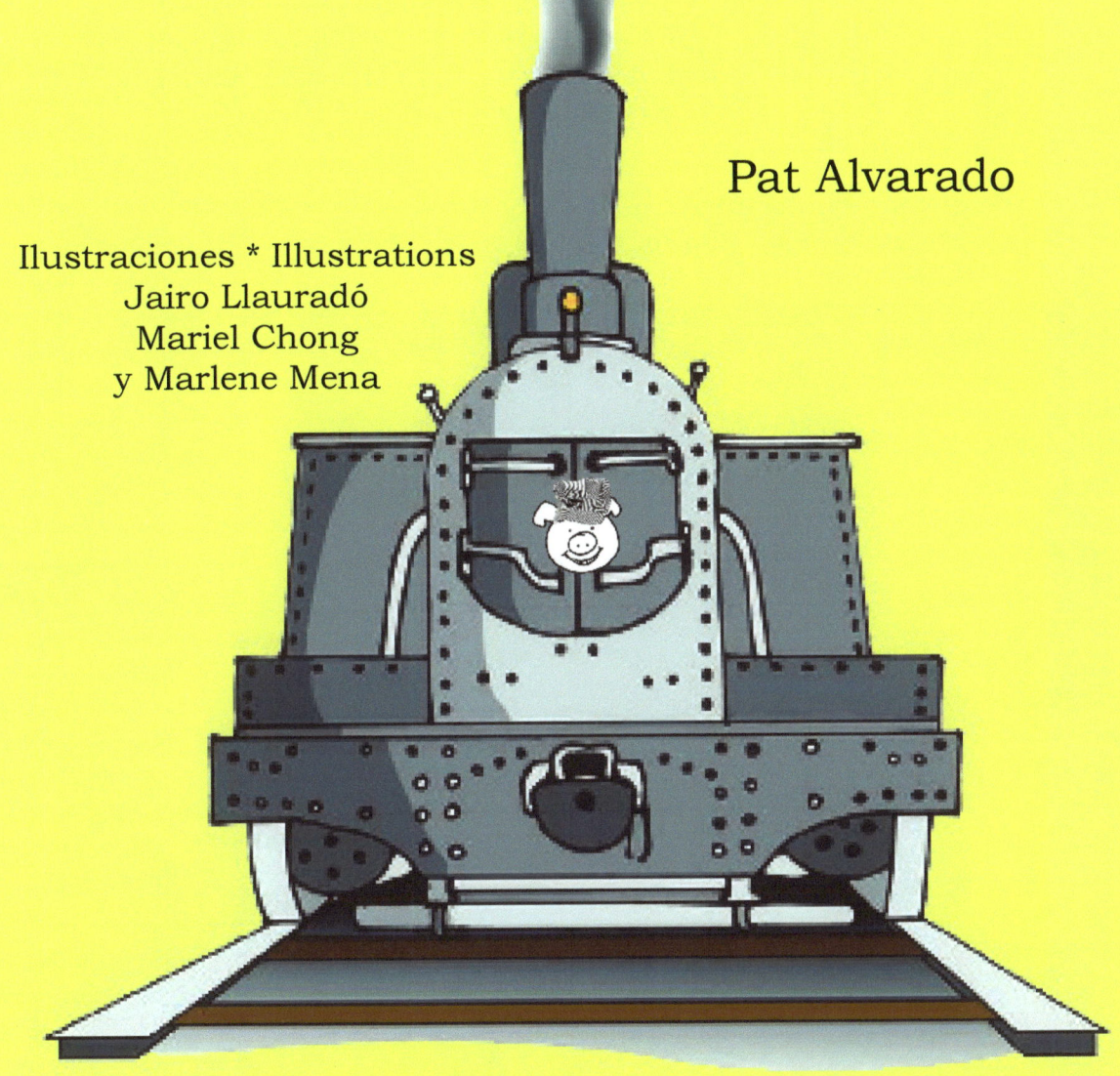

Copyright © 2011, Patricia Veazey Alvarado
Ilustraciones * Illustrations, © Jairo Llauradó, Mariel Chong Ll. y Marlene Mena
All rights reserved.

NABE Pinnacle Book Achievement Award, Best in Children's Bilingual,
　　Summer 2012

808.068
　Al76　Alvarado, Pat
　　　　El collar de hierro = The Iron Necklace : El 1er ferrocarril
　　　transcontinental del mundo = The World's 1st Transcontinental
　　　Railway / Pat Alvarado; ilustración de Jairo Llauradó, Mariel
　　　Chong y Marlene Mena. – Panamá : Piggy Press, 2011.
　　　　　46p.　il.; 20 cm

　　　　　ISBN 978-9962-690-13-9 hard cover
　　　　　ISBN 978-9962-629-68-9 soft cover

　　　1. LITERATURA INFANTIL　　2. HISTORIA PANAMEÑA
　　　I. Título

Piggy Press Books
info@www.piggypress.com
www.piggypress.com

Para Clayton, mi sobrino, quien me inspiró a redactar este relato.

Dedicado a los miles de trabajadores incógnitos de tantos países quienes trabajaron sin descanso y bajo gran peligro durante la construcción del ferrocarril que unió la ciudad caribeña de Colón con la ciudad de Panamá en el pacífico, convirtiéndolo en el primer ferrocarril transcontinental del mundo.

◻•◻•◻•◻•◻•◻

For Clayton, my nephew, who inspired me to write this account.

Dedicated to the thousands of unknown workers from so many countries who toiled incessantly and under great danger during the construction of the railroad that joined the Atlantic city of Colon with the Pacific city of Panama, making it the world's first transcontinental railway.

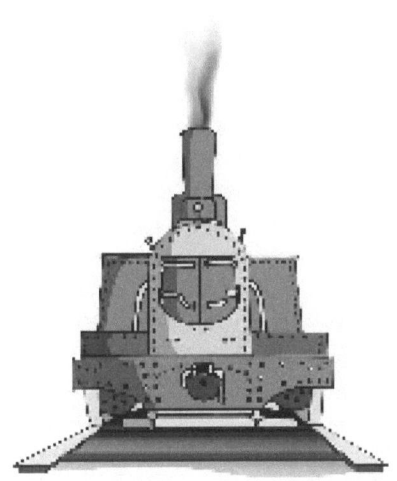

Era casi medianoche y llovía a cántaros. El coronel G. W. Totten, Jefe Ingeniero del Ferrocarril de Panamá, se paró en la línea divisoria en Summit, a 786 metros sobre el nivel del mar. Levantó un mazo de nueve libras y martilló el último clavo a los rieles que conectaban 76.8 kilómetros de la vía férrea.

Tempranito al día siguiente, el coronel Totten, junto con el señor A. J. Center, Vice-Presidente del Ferrocarril, el doctor T. C. Barker, uno de los médicos de la empresa, y distinguidos invitados, descendieron de Summit hacia la Ciudad de Panamá en el Primer Ferrocarril Intercontinental del mundo. Era el 28 de enero de 1855.

¿Cómo comenzó todo?

◻•◻•◻•◻•◻•◻

Under rain-filled midnight skies, Colonel G. W. Totten, Chief Engineer of the Panama Railroad, stood atop the continental divide at Summit, 258 feet above sea level. He hefted a nine-pound maul and hammered the last spike into the rails that connected 47 ¾ miles of tracks.

Early the next morning, Colonel Totten, in the company of Mr. A. J. Center, Vice-President of the Railroad, Dr. T. C. Barker, one of its medical officers, and a few distinguished guests, descended the Summit toward Panama City on the world's first Intercontinental Railroad. It was January 28, 1855.

How did it all begin?

Al principio del siglo XVI, los españoles construyeron dos caminos de piedras de tres metros de ancho por la selva a través del istmo de Panamá. Nombraron uno el Camino Real y el otro el Camino de Cruces y utilizaron mulas para transportar oro y plata del Perú a los galeones que esperaban en la costa Atlántica en un lugar llamado Nombre de Dios.

Ya en el siglo XVIII, Inglaterra quería acortar la distancia de sus rutas mercantiles entre sus colonias en el Lejano Oriente y las del Caribe y conectar el Atlántico con el Pacífico, pero abandonó la idea por ser muy costosa.

En el siglo XIX, Francia tuvo la misma idea y quiso construir un ferrocarril a través del Istmo, pero los costos eran tan exorbitantes que ni siquiera comenzó el proyecto.

◻·◻·◻·◻·◻·◻

Way back in the early 16th century, the Spanish built two seven-foot wide stone roads through the jungle across the Isthmus of Panama. They named one the Royal Road and the other the Cruces Road and used mules to carry gold and silver from Peru to the Spanish galleons waiting on the Atlantic coast at a place called Nombre de Dios.

By the 18th century, England wanted to shorten the trade routes from her Far East colonies to the ones in the Caribbean and build a connection between the Atlantic and Pacific oceans, but she abandoned the idea as too expensive.

By the 19th century, France had the same idea and wanted to build a railroad across the Isthmus, but the cost was huge and they never even started the project.

Pero al final de la Guerra de México y los Estados Unidos en 1848 y el descubrimiento de oro en California, todo cambió, y una nueva ruta entre los océanos era el mandato – "¡O California o nada!"

Sin embargo, para llegar a California desde la costa este de los Estados Unidos se debía caminar o cabalgar más de 3,218 kilómetros por cuatro a seis meses. O se podía navegar alrededor del Cabo de Hornos y el estrecho de Magallanes en Sur América, un viaje de más de 21,886 kilómetros y que duraría entre dos a cuatro meses. O se podía navegar hasta la desembocadura del río Chagres en Panamá, un viaje de dos semanas, cruzar el istmo por tierra en una semana, y navegar desde la Ciudad de Panamá en la costa del Pacífico a San Francisco en dos semanas, por un total de un mes y una distancia de más de 8,368 kilómetros.

□•□•□•□•□•□

But by the end of the Mexican-American War in 1848 and the discovery of gold in California, everything changed, and a new route from ocean to ocean became the mandate. It was "California or bust!"

But to get to California from the East coast, you could either walk or ride across more than 2,000 miles of the United States, a trip that would take about four to six months by wagon, or you could sail around Cape Horn and the Straights of Magellan in South America, a voyage that could take two to four months and covered a distance of over 13,600 miles. Or you could sail to the mouth of the Chagres River in Panama, a voyage of two weeks, cross overland for one week, and sail from Panama City on the Pacific coast to San Francisco for two weeks, a total of about a month, and a distance of over 5,200 miles.

Durante esos días, el Congreso de los Estados Unidos se dio cuenta que necesitaba una ruta más eficiente para la correspondencia de una costa a la otra. Entonces autorizó dos líneas marítimas, una entre Nueva York y Nueva Orleans hacia Panamá, y la otra conectaría a Panamá vía el istmo con California y Oregón.

Eso fue cuando William H. Aspinwall y sus socios, John L. Stephens y Henry Chauncey, adquirieron rápidamente un contrato con Nueva Granada, lo que hoy día es Colombia, para la construcción de un ferrocarril a través del Istmo de Panamá. El Cuerpo Topográfico de los Estados Unidos, bajo el mando del señor G. W. Hughes, inspeccionó y midió la mejor ruta, y reportó lo que querían escuchar – que a pesar de que el lugar era pantanoso, un ferrocarril a través del Istmo era posible.

◻•◻•◻•◻•◻

About this same time, the US Congress saw the need for a mail route from the East Coast to the West Coast. So they authorized the establishment of two mail steamship lines. One would connect New York and New Orleans to Panama, and the other would connect Panama via the Isthmus to California and Oregon.

That's when William H. Aspinwall and his associates, John L. Stephens and Henry Chauncey, quickly secured a contract with New Granada, which is now Colombia, for the construction of an Iron Road across the Isthmus of Panama. The US Topographical Corps, under the guidance of Mr. G. W. Hughes, surveyed and mapped the best route, and they reported what everyone wanted to hear - that though the land was marshy a railroad across the Isthmus was possible.

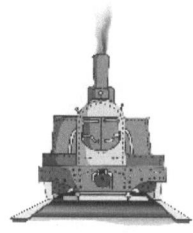

Entonces en 1849, los tres socios formaron la Compañía del Ferrocarril de Panamá (Panama Railroad Company). Tenían un capital de trabajo de $5.000.000 y vendieron acciones a $100 cada una. El gobierno de Nueva Granada les cedió los derechos exclusivos para construir un ferrocarril que conectara la antigua ciudad colonial de Panamá en la costa del Pacífico a un punto en la costa caribeña, y tenían seis años para hacerlo y luego de terminarlo podrían operar la línea por cuarenta y nueve años más.

□•□•□•□•□•□

So in 1849, the three partners incorporated the Panama Railroad Company. They had $5,000,000 to work with and sold stock at $100 a share. The government of New Granada granted them the exclusive rights to build a railroad that would connect the old colonial city of Panama, on the Pacific coast, with some point on the Caribbean coast, and they had six years to do it and could run it for forty-nine years after they finished the job.

Los socios sabían que la terminal de un lado del camino sería en la Ciudad de Panamá, pero tenían que decidir dónde colocar la otra. Primero pensaron en el antiguo fuerte español de San Lorenzo donde el suelo sólido se extendía por 40 kilómetros, pero alguien había comprado toda la tierra en el área y la ofrecía a un precio muy alto.

Entonces los ingenieros, el coronel G. W. Totten y John C. Trautwine, escogieron una ruta que cruzaba el Istmo en su punto más bajo y más corto. Decidieron comenzar la terminal del Atlántico en un lugar pantanoso en la isla Manzanillo en la bahía de Limón. Le pusieron el nombre Aspinwall, pero con el tiempo Colombia lo cambió a Colón en honor a Cristóbal Colón.

◻•◻•◻•◻•◻•◻

The partners knew one end of the road would be in Panama City, but they had to decide where it would end on the Caribbean. At first, they thought about a spot near the old Spanish fort of San Lorenzo where the ground was solid for nearly 25 miles, but someone had bought up the land there and wanted to sell it to the company at a very high price.

So the engineers Colonel G. W. Totten and John C. Trautwine selected a route that crossed the isthmus at its lowest and shortest point. They decided to start the Atlantic terminus in a marshy spot on Manzanillo Island in Limon Bay. First they named it Aspinwall, but later Colombia changed it to Colon in honor of Christopher Columbus.

La compañía saneó la isla y construyó un muro de contención arriba de la línea de pleamar, así como muelles, carreteras y casas.

Llegaron comerciantes quienes alquilaron espacio para construir tiendas y lugares de diversión, formando un típico pueblo.

Al fin, en el mes de mayo de 1850, el trabajo comenzó. El coronel Totten y el señor Trautwine y algunos lugareños atacaron la selva con machetes y hachas. Pensaron que iba a ser un trabajo fácil, pero vino la gran sorpresa.

◆◇◆◇◆◇

The company cleared the island and built an earthen embankment above the high-tide mark, as well as docks, roads and housing.

Businessmen arrived and rented space to build stores and places of entertainment, creating a typical town.

Finally, in May 1850, the work began. Colonel Totten and Mr. Trautwine, and some of the locals attacked the jungle with machetes and axes. They thought it would be an easy task, but they were in for a surprise.

Al penetrar la selva, el lodo se tragó no sólo el equipo sino a los hombres también. Las primeras trece millas de la ruta desde el Atlántico estaban cubiertas por pantanos, ciénagas, enredaderas y lianas. Hincaron soportes profundamente en el suelo esponjoso y lo cubrieron con la tierra resistente traída de un promontorio llamado Monkey Hill.

Zancudos, culebras y otros bichos peligrosos coartaron la vida de muchos trabajadores que venían de lugares lejanos como la China, Inglaterra, Alemania, la India e Irlanda, y de lugares no tan lejos como las Antillas. Todos sufrieron del clima y muchos murieron.

□•□•□•□•□•□

As they started inland, mud swallowed both men and equipment. Marshes, swamps, and thick vines covered the first thirteen miles of the route from the Atlantic. They drove foundations deep down into the spongy soil and covered it with resilient earth brought from a rise called Monkey Hill.

Mosquitoes, snakes and other deadly critters took their toll on the workers who came from such faraway places as China, England, Germany, India, and Ireland, and from places not so far away like the West Indies. All suffered from the climate and many died.

Con tanta gente cruzando el Istmo, el crimen surgió como el mayor problema. Bandidos armados robaban las caravanas de mulas que cargaban oro y mataban a los viajeros en la ruta. Algo se tenía que hacer para proteger a la gente y a la carga; entonces la compañía contrató a Randolph Runnels, un ex Ranger de Texas, para mantener el orden. Runnels formó una fuerza secreta de cuarenta hombres llamada la Guardia del Istmo. Protegieron el ferrocarril y castigaron a los criminales con mano dura. Su apodo era "el Verdugo".

▫•▫•▫•◆•▫•▫•▫

With so many people coming and going across the Isthmus, crime became a major problem. Armed bandits robbed the mule trains that carried gold and killed travelers along the route. Something had to be done to protect the people and the cargo so the company hired Randolph Runnels, an ex-Texas Ranger, to keep law and order. Runnels formed a secret group of forty men called the Isthmus Guard, and they protected the railroad and punished outlaws with an iron fist. His nickname was "The Hangman."

El 1 de octubre de 1851, la línea férrea llegó a Gatún, un pueblo al lado del río Chagres, a sólo once kilómetros de Manzanillo. Un tren hacía varios viajes de ida y vuelta por día, llevando trabajadores y materiales al sitio de la obra.

Ese mismo año, dos vapores que se dirigían a los yacimientos de oro en California, intentaron desembarcar en el Chagres en Nombre de Dios, pero hubo mal tiempo y el mar estaba picado. Los barcos no podían acercarse a tierra firme y tuvieron que refugiarse en la bahía de Limón.

□·□·□·□·□·□

By October 1, 1851, the rail line reached Gatun, a town on the Chagres River only seven miles from Manzanillo. A train made several round trips a day, carrying workers and supplies to the work site.

That same year, two steamships bound for the gold fields in California headed toward the Chagres at Nombre de Dios, but the weather was bad, and the seas were rough so the ships couldn't get as close to land as they wanted and were forced to take refuge in Limon Bay.

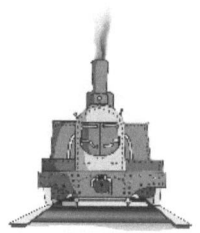

Cuando los pasajeros oyeron el silbido del tren y lo vieron entrar a la selva dando resoplidos, rogaron al coronel Totten permitirles subir al tren y ofrecieron pagar. El coronel intentó disuadirlos porque no había facilidades para pasajeros y fijó un precio exorbitante: 30¢ por kilómetro y $1,36 por 100 kilos de equipaje. Para su sorpresa, ¡lo pagaron!

Aunque el ferrocarril no estaba terminado, los trabajadores colocaron algunos vagones abiertos encima de los rieles y transportaron a los pasajeros a Gatún, donde podían abordar un cayuco y navegar río arriba hasta el pueblo de Gorgona o Cruces. De ahí, pudieron caminar o montar mulas o caballos a lo largo del Camino de Cruces hasta Panamá.

Al final del día, el ferrocarril había transportado más de mil pasajeros y la compañía recaudó casi $7.000.

◻•◻•◻•◻•◻•◻

When the passengers heard the train whistle and saw it chug into the jungle, they begged Colonel Totten to let them ride the train and offered to pay. The colonel tried to discourage them because there were no passenger cars. He set an exorbitant rate: 50¢ a mile and $3.00 per 100 pounds of luggage. To his surprise, they paid!

Even though the railroad wasn't completed, the workers put some Flat Cars on the tracks and transported the passengers to Gatun, and from there, the passengers could go by cayuco up the Chagres to either the town of Gorgona or Cruces. Then they could walk or ride mules or horses over the Cruces Trail to Panama.

At day's end, the railroad had carried over a thousand passengers to Gatun and the company had collected nearly $7,000.

En mayo de 1852, la vía llegó a Frijoles, a veintinueve kilómetros de Aspinwall, y en julio, llegó al pueblo de Barbacoas, ocho kilómetros más adelante. Un servicio de tren de pasajeros regular recorría la ruta desde Aspinwall hasta el final de la línea, y muchos barcos navegaron alrededor del Cabo de Hornos para cargar provisiones y trabajadores para comenzar la construcción desde la Ciudad de Panamá.

Pero ese año sería el peor debido a las demoras. Un brote mortal de cólera arrasó el Istmo. El señor Stephens, presidente de la compañía, murió en octubre, y emplearon a un nuevo contratista para terminar la sección de Barbacoas a Panamá.

◻•◻•◻•◻•◻•◻

In May 1852, the rails reached Frijoles, eighteen miles from Aspinwall, and by July, the town of Barbacoas, five miles further along the route. A regular passenger train service ran from Aspinwall to the end of the line, and ships sailed around Cape Horn to carry supplies and men to begin the construction from Panama City.

But this year would prove to be the worst for delays that started with a deadly outbreak of cholera that swept across the Isthmus. Mr. Stephens, the president of the company, died in October, and they hired a new contractor to finish the section from Barbacoas to Panama.

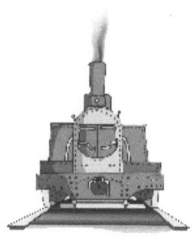

En Barbacoas, comenzaron a construir un puente de madera a través del Chagres donde se sabía que el río subía a más de 15 metros en menos de dos horas después de un diluvio. Y por supuesto, cuando ya el puente estaba por terminar, hubo una gran inundación que arrastró sección tras sección del puente.

En fin, el trabajo en el puente fue lento y demorado, pero el coronel Totten tomó el mando de nuevo y construyó un puente de hierro que se terminó durante la última semana de noviembre de 1853. El puente tenía 209 metros de largo, 6 metros de ancho y estaba a 16 metros sobre el nivel normal del río. El mismo coronel Totten pasó la locomotora ida y vuelta a través del puente para probar su resistencia.

◻•◻•◻•◻•◻•◻

At Barbacoas, they started to build a wooden bridge across the Chagres, where the river was known to rise over 45 feet in a couple of hours after heavy rains. And sure enough, when the bridge was nearly completed, there was a great flood that swept away span after span of the bridge.

So work on the bridge was very slow, but Colonel Totten took over the job again and constructed an iron bridge that was completed during the last week of November 1853. The bridge was 625 feet long, 18 feet wide, and stood 47 feet above the normal stage of the river. Colonel Totten himself rode the engine back and forth across the bridge to test its strength.

Pero a pesar de las demoras, el trabajo continuaba. La compañía tenía un nuevo presidente y él mandó al vice-presidente, el coronel A. J. Center, a Panamá para supervisar los trabajos. Cuando llegó al Istmo, el trabajo comenzó en serio.

En enero de 1854, comenzaron a excavar la cima de la línea divisoria, y tomaron varios meses cavando el corte de 14 metros.

En noviembre, terminaron la nivelación en el valle de Paraíso, tres millas debajo de la cima.

◻·◻·◻·◻·◻·◻

But despite the delays, the work continued. The company had a new president, and he sent vice-president Colonel A. J. Center to Panama to supervise the enterprise. When he arrived on the Isthmus, the work began in earnest.

By January 1854, they started to excavate the summit at the Continental Divide, and it would take them several months to dig the forty-foot cut.

In November, they completed the grading in the valley of Paraiso, three miles below the summit.

Así que, en la tarde del 27 de enero de 1855, bajo la lluvia, la línea férrea llegó a la cima de la línea divisoria en Summit unos 60 kilómetros de Aspinwall y 16 de Panamá. Aquí pararon los trabajadores para esperar la línea que venía de la Ciudad de Panamá.

A medianoche, el coronel Totten clavó el último perno, abrochando lo que sería un collar de hierro a través del Istmo. El próximo día, con bombos y platillos, el caballo de hierro galopó entre las costas y conectó dos océanos. ¡Era el primer ferrocarril intercontinental del mundo!

◘•◘•◘•◘•◘•◘

And so, on the evening of January 27, 1855, in the rain, the line reached the top of the Continental Divide at Summit about 37 miles from Aspinwall and 10 from Panama. Here the workers stopped and waited for the line that was being constructed from Panama City.

At midnight, Colonel Totten struck the last spike, clasping what would be an iron necklace across the Isthmus. The next day, amid much fanfare, the iron horse galloped from coast to coast, and connected two oceans. It was the world's first intercontinental railway!

Por supuesto que había trabajo por hacer, pero el ferrocarril estaba terminado y a pesar de todo, ¡estos hombres intrépidos lo construyeron
en menos de cinco años!

Colocaron ramales a Matachín, Gatún, Barbacoas y Summit, y cuatro estaciones de apartaderos para los vagones en Aspinwall y tres en la Ciudad de Panamá. Hubo estaciones cada seis kilómetros y medio, junto con depósitos para mercancías, almacenes, y alojamiento para los empleados.

La compañía contaba con diez locomotoras de vapor, seis grandes y cuatro más livianas, veintidós coches de pasajeros, cincuenta y un furgones y setenta y dos vagones abiertos.

Al final, la compañía gastó casi $7.000.000 o $92.105 por kilómetro, convirtiéndolo en el ferrocarril más costoso en la historia.

◻•◻•◻•◻•◻•◻

Of course, there was still work to be done, but the railway was complete, and despite all odds, these intrepid men had built it in less than five years!

They laid side tracks at Matachin, Gatun, Barbacoas, and Summit, and four yard tracks at Aspinwall and three at Panama City. Stations lay every four miles, together with freight houses, depots, and housing for the employees.

The company counted on ten steam locomotives, six heavy and four lighter ones, twenty-two passenger cars, fifty-one boxcars and seventy-two flatcars.

By the time it was all over, the company had spent nearly $7,000,000 or $140,000 per mile, making it the most expensive railroad ever built.

Y así fue la historia del Collar de Hierro, 76.8 kilómetros de largo, con sus 170 puentes y sus 100,000 travesaños. Se dice que hubo un muerto por cada travesaño, pero nadie puede darlo por cierto, pues los archivos son vagos.

Los ojos del mundo se enfocaron en el Ferrocarril de Panamá, pero pronto el hecho enardecería el viejo sueño de una ruta más rápida – un canal que conectara los dos océanos.

En 1880, los franceses compraron el ferrocarril para ayudar en su intento de construir el Canal de Panamá, pero en 1904, los Estados Unidos compraron los bienes, y durante la construcción del Canal de Panamá, trasladó parte del ferrocarril a una tierra más alta.

◻•◻•◻•◻•◻•◻

And there you have the story of the Iron Necklace, 47 ¾ miles long, with its 170 bridges and its 100,000 cross-ties. Some people say that one person died for every cross-tie, but no one knows for sure. The records are sketchy.

The eyes of the world focused on the Panama Railroad, but it wasn't long before its completion stimulated the age-old dream of a faster route – a canal from ocean to ocean.

In 1880, the French purchased the railroad to assist in their attempt to build the Panama Canal, but in 1904, the United States purchased those assets, and during the US construction, moved part of the railroad to higher ground.

En 1979, los Estados Unidos transfirieron el Ferrocarril de Panamá a la República de Panamá, y en 1998, Panamá privatizó el ferrocarril y cedió una concesión de cincuenta años a la Panama Canal Railroad, una empresa conjunta de Kansas City Southern y Mi-Jack Products, para reconstruir y operar la línea.

En el año 2000, el ferrocarril "renacido" comenzó a funcionar con diez locomotoras diesel-eléctricas F40 y una locomotora GP10 para halar los vagones de pasajeros y mercancías. Las nombraron según las ciudades y pueblos en la ruta y las enumeraron en secuencia numérica, comenzando con la Ciudad de Colón en el año inaugural 1855.

Hoy en día, en el siglo XXI, la travesía a través del Istmo es cómoda y rápida, por lo que tenemos que agradecer a aquellos hombres de visión por su determinación y sacrificio.

❑•❑•❑•❑•❑•❑

In 1979, the US transferred the Panama Railroad to the Republic of Panama, and in 1998, Panama privatized the railway and awarded a fifty-year concession to the Panama Canal Railroad, a joint venture of Kansas City Southern and Mi-Jack Products, to rebuild and operate the line.

In the year 2000, the new "reborn" railroad began operations with ten F40 diesel-electric locomotives, and one GP10 locomotive to haul passenger cars and work trains. They named each after a city or town along the route and numbered them in sequence, beginning with the City of Colon - 1855, the railroad's inaugural year.

So today, in the 21st century, it's a smooth and quick ride across the Isthmus, and we are indebted to those men of foresight for their determination and self-sacrifice.

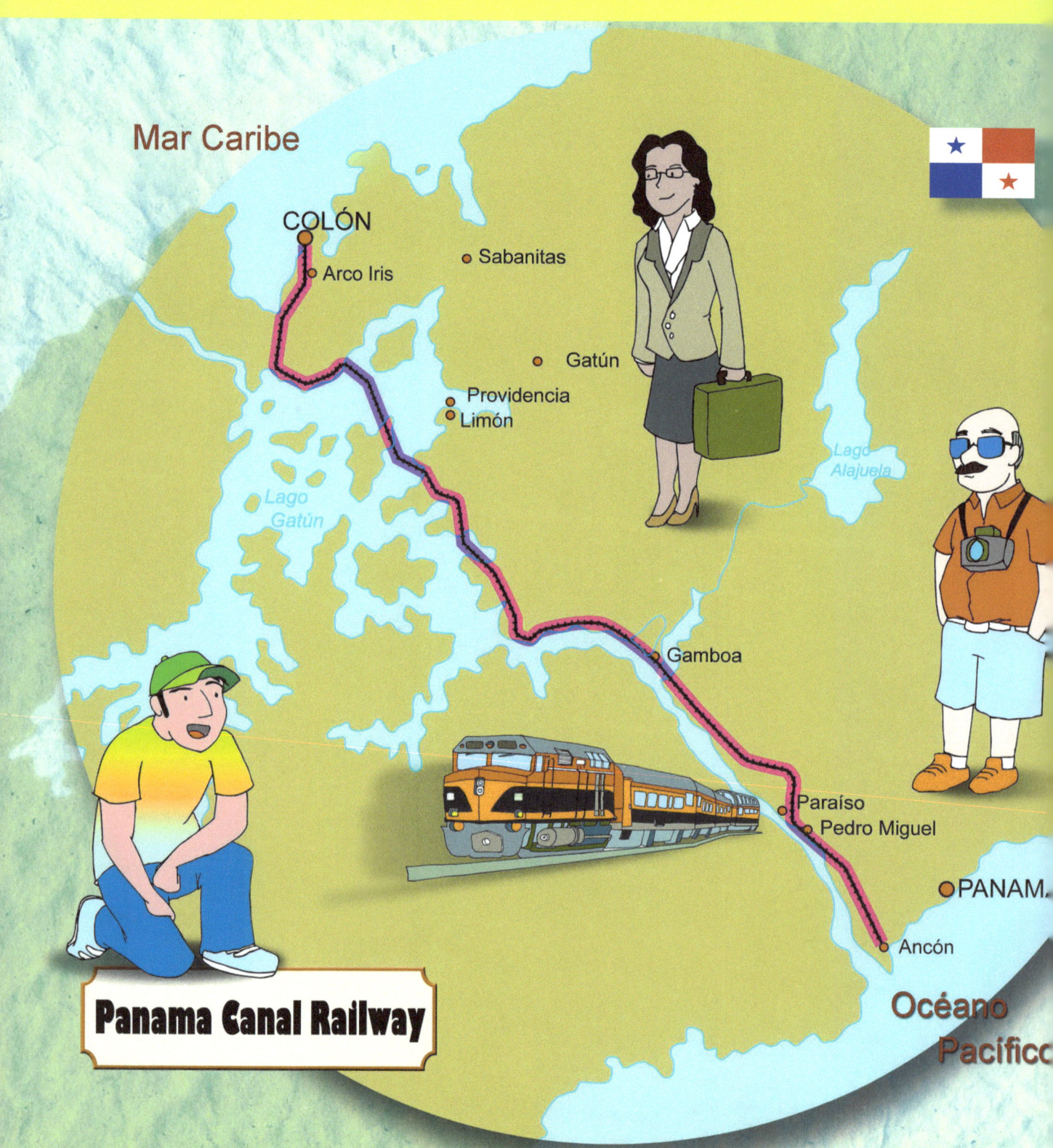

Mariel Chong Ll.
Diseñadora, ilustradora, guía de turismo apasionada por la historia y las historias. Estudia, trabaja y habita en la ciudad de Panamá.
Jairo Llauradó
Diseñador gráfico, observador, curioso por la fotografía, los perros y el box.
Marlene Mena
Diseñadora, ilustradora, profesora de arte, estudiosa de la comunicación gráfica.

Mariel Chong Ll.
Designer, illustrator, and tourist guide, passionate about history and stories. She studies, works and lives in Panama City.
Jairo Llauradó
Graphic designer, observer, enjoys photography, likes dogs and boxing.
Marlene Mena
Designer, illustrator, art teacher, an expert in Graphic Communication.

Pat Alvarado
Ex-profesora de
Estudios Sociales
e Idiomas,
le encanta
escribir, leer y
silbar.

Pat Alvarado
Former Social
Studies and
Language Arts
teacher, loves to
write, read and
whistle.

¿Quién hizo qué?

Pat escribió el cuento.
Marlene y Mariel hicieron los
dibujos y Jairo los coloreó y
compuso las ilustraciones.

Who did what?

Pat wrote the story.
Marlene and Mariel drew
the pictures, and Jairo colored them
and composed the illustrations.

Si quieres saber más sobre ferrocarriles,
visita www.panarail.com.

◻•◻•◻•◻•◻

If you would like to find out more about railroads,
visit www.panarail.com.

 PiggyPressBooks

Piggy Press Books
info@piggypress.com
www.piggypress.com

www.ingramcontent.com/pod-product-compliance
Lightning Source LLC
Chambersburg PA
CBHW041934160426

42813CB00103B/2942